Delfingeschichten

Von Bato
Mit Illustrationen von
Soenke Hollstein

gondolino

Für alle kleinen Wasserratten

Reihenlogo: Rooobert Bayer
Umschlagillustration: Kerstin Völker
ISBN 3-8112-2542-1

001

Der Umwelt zuliebe gedruckt auf chlorfrei gebleichtem Papier.

5 4 3 2 1

Inhalt

Nixe im Netz

Der kleine Delfin Kivo
schnellte übers Meer
und wich
einem Fischerboot aus.
Da sah er,
dass etwas im Netz
des Fischers zappelte.
Das musste aber
ein großer Fisch sein!
Kivo schwamm
vorsichtig näher.
Nein, das war kein Fisch.
Es war: eine Nixe!
Sie hatte langes rotes Haar
und schimpfte

wie ein wütender Hummer.
Kivo zögerte.
Was sagte seine Mutter immer?
„Halt dich von Nixen fern,
mein Junge.
Sie locken Menschen
mit ihrem Gesang
ins tiefe Meer.

Und wir Delfine
sollen sie dann retten!“
Kivo drehte ab.
Wenn die Nixe sang,
würde der Fischer
sie bestimmt freilassen.
Doch als sie
ihr Lied anstimmte,

hätte Kivo sich am liebsten
die Ohren zugehalten.
Aber ein Delfin hat ja
leider keine Hände.
Das Lied klang, als würden
zwei rostige Schiffe
aufeinander prallen!
Ihr Gesang würde die Nixe
also nicht retten.
Kivo musste ihr helfen.
Aber wie?
Da hatte er eine Idee.
Schnell schwamm er
hinaus aufs Meer,
wendete und nahm wieder Kurs
auf das Boot.
Aber diesmal blieb er

dicht unter der Oberfläche,
sodass nur seine Rückenflosse
zu sehen war.
Ich bin ein Hai,
dachte Kivo grimmig.
Seht ihr meine Rückenflosse?
Er konnte nur hoffen,
dass der Fischer

sich täuschen ließ.
Und tatsächlich:
Als Kivo näher kam,
hörte er aufgeregte Schreie.
Dann sank das Netz,
und das Boot entfernte sich.
Die Nixe schimpfte lautstark,
als Kivo das Netz durchbiss.

„Ein Delfin, ausgerechnet!"
„Gern geschehen",
sagte Kivo mürrisch.
Da musste die Nixe lachen.
„Meine Mutter hat mich immer
vor Delfinen gewarnt.
Sie findet es seltsam,
dass ihr Menschen mögt."
Jetzt schmunzelte auch Kivo.
„So was Ähnliches
sagt meine Mutter
auch über Nixen."
Er streckte eine Flosse aus.
„Ich heiße Kivo."
„Und ich bin Lani.
Hast du Lust
auf ein Wettschwimmen?"

Und schon flitzte sie los.
„Du hast keine Chance!“,
rief Kivo.
Dann jagte er
seiner neuen Freundin
hinterher.

Billy, der rosarote Delfin

Billy war ein Delfin.
Ein rosaroter.
Und er war
Lindas bester Freund.
Egal,
was die anderen sagten.

„Ein Delfin?“,
hatte Lindas Vater
ungläubig ausgerufen.
Ihr Bruder hatte nur gelacht.
„Rosarot?
Das gibt’s doch gar nicht!“
„Ich seh nichts!“,
hatte Lindas Mutter verkündet
und ihre Brille geputzt.
Seitdem hatte Linda
nie wieder
über Billy gesprochen.
Aber er war immer noch da.
Nachts schwamm er
auf Lindas Nachttisch
in einem Goldfischglas herum.
Wenn Linda unterwegs war,

schwebte er neben ihr her.
Außerdem konnte Billy sich
so klein oder groß machen,
wie er wollte.
Das war sehr praktisch,
denn so konnte Linda
ihn sogar
mit in die Schule nehmen.
Und wenn sie im Dunkeln

unterwegs waren,
plusterte Billy sich auf,
bis er groß war wie ein Wal.
Dann fühlte Linda sich
ganz sicher.
Als der Sommer kam,
fuhr Lindas Familie ans Meer.
Linda und Billy stürzten sich
gleich ins Wasser.

Aber nach einer Weile
wurde Billy unruhig.
„Wie wär's",
sagte Linda schließlich,
„wenn du losziehst
und mit anderen Delfinen
spielst?"
Da strahlte Billy
und schoss davon
wie ein rosaroter Pfeil.
Nach einer Weile
blickte Linda
zum Strand zurück.
Oje, das Ufer
war aber weit entfernt!
Linda schwamm,
aber sie kam kaum vom Fleck.

Ihre Arme wurden müde,
und ihr war schrecklich kalt ...
Da blitzte plötzlich
etwas Rosarotes
neben ihr auf.
„Das war knapp“,
keuchte Linda.
„Ich würde dich doch
nie im Stich lassen“,

erwiderte Billy.
Als Linda bald darauf
ans Ufer kletterte,
waren ihre Eltern
sehr erleichtert,
aber auch
ein wenig aufgebracht.
Bis Linda ihnen erklärte,
dass Billy sie
gerettet hatte.
Da schauten ihre Eltern aufs Meer ...
„Ein Delfin?“
Lindas Vater
blinzelte ungläubig.
„Ist der ... rosarot?
Das gibt’s doch gar nicht!“,
schrie ihr Bruder.

Lindas Mutter
putzte hektisch ihre Brille.
„Ich glaub, ich seh ihn!“
Und von diesem Tag an
lachte niemand mehr
über Lindas rosaroten Freund.

Wie die Delfine das Land verließen

Vor unzähligen Jahren
lebten die Delfine an Land.
Sie stapften durch den Wald,
und ihr Leben hätte
wunderbar sein können,
wenn ihre Füße
ihnen nicht dauernd

weh getan hätten.
Und dann waren da noch
die Killivoren:
gewaltige haarige Biester,
deren größtes Vergnügen es war,
Delfine zu jagen.
Die Delfinkinder Kog und Beg
spielten am liebsten
alleine am Strand,

obwohl ihre Eltern
ihnen das verboten hatten.
Vor den blöden Killivoren
hatten die beiden
nämlich gar keine Angst.
Doch als sie eines Tages
Muscheln suchten,
knurrte es plötzlich
hinter ihnen.
Kog und Beg schreckten hoch.
Sechs Killivoren hatten sich
im Halbkreis
um sie versammelt
und fletschten
ihre riesigen Zähne.
„Mist“, flüsterte Kog
seiner Freundin zu.

„Unsere Eltern
hatten doch Recht."
„Unsinn",
zischte Beg zurück.
„So schnell
stirbt man nicht aus!"
Die Killivoren rückten näher.
Da packte Beg
ihren Freund am Arm
und zerrte ihn zum Wasser.

„Im Meer ist es gefährlich!“,
rief Kog entsetzt.
„Gefährlicher als bei
den Killivoren?“,
fragte Beg zurück.
Und damit war es entschieden.
Die Sonne ging unter
und wieder auf,
und immer noch standen
die beiden Delfine im Wasser.
„Na, keinen Hunger?“,
spotteten die Killivoren.
Beg schnaubte nur,
tauchte unter und kam
mit einem Fisch
in der Schnauze wieder hoch.
„Igitt, das kann man

doch nicht essen!“, rief Kog.
Doch als er sah,
wie genüsslich Beg kaute,
fing er auch einen Fisch.
Und der schmeckte
gar nicht mal schlecht!
„Weißt du was?“,
sagte Kog schmatzend.
„Mir gefällt es hier
richtig gut.
Die Fische sind lecker ...“

„... und die Füße
tun mir auch nicht mehr weh“,
ergänzte Beg zufrieden.
„Wie wär's: Wollen wir mal
eine Runde schwimmen?“
Und so ließen die beiden
die tobenden Killivoren
zurück und schwammen davon.
Bald war Schwimmen
bei den Delfinen

der letzte Schrei.
Und schließlich
beschlossen alle Delfine,
nur noch im Wasser zu leben.
Sehr zum Ärger
der Killivoren,
die vor lauter Wut
ausstarben.
Oder hast du in letzter Zeit
einen Killivoren gesehen?

Dixi Dixon und der traurige Delfin

Dixi Dixon warf
seinen Goldlöffel wütend
auf den Diamanttisch.
Die Köche tuschelten.

Der Oberkoch sagte:
„Wir könnten es mit
Pellkartoffeln versuchen."
Dixi schnaubte.
„Ihr habt
alle Kartoffelsorten der Welt
ausprobiert,
Milch von singenden Kühen,
fünfzig Sorten Salz.
Aber der Kartoffelbrei
schmeckt trotzdem nicht
wie bei meiner Mutter!"
Der Oberkoch räusperte sich.
„Vielleicht könnten Sie
Ihre Frau Mutter
einfach nach dem Rezept fragen?"
Dixi sprang auf.

„Sie sind entlassen!“,
schrie er.
Schnell scheuchte
sein Berater Samuel
alle Köche hinaus.
Dann sagte er:
„Das war der elfte Koch
in vier Monaten.“
Dixi ließ
seine Blattgold-Serviette sinken.
„Sie taugen alle nichts.“

Doch Samuel wusste,
dass das nicht
der wahre Grund
für Dixis schlechte Laune war.
Dixi vermisste seine Mutter.
Aber die wollte nichts
mit ihm zu tun haben,
solange er immer nur

von seinem Geld sprach.
Deshalb wechselte Samuel
lieber das Thema.
„Das Becken für den Delfin
ist fertig.“
Das war Dixis neues Projekt.
Er wollte sich das Meer
in sein Bergschloss holen.
„Es gibt da nur ein Problem.“
Samuel stand auf.
„Am besten sehen Sie
es sich selbst an.“
Kurz darauf standen beide
vor einem
gigantischen Goldfischglas.
Dixi nickte zufrieden.
„Es ist doch alles da:

das silberne Korallenriff,
der Diamantensand ...“
„Aber der Delfin“,
sagte Samuel,
„ist unglücklich.“
Tatsächlich trieb der Delfin
träge im Wasser
und schlug nur lustlos
mit den Flossen.

„Wie kann das sein?“,
rief Dixi.
„Er hat doch alles!“
„Mmm“, brummte Samuel nur.
Dixi verstummte.
In dieser Nacht
machte er kein Auge zu.
Und am Morgen
wusste er endlich,

was er zu tun hatte.
Als Erstes ließ er den Delfin
zurück ins Meer bringen.
Dann fuhr er
auf einem Fahrrad
den Berg hinab ins Dorf.
An einer alten Hütte
klopfte er.
„Dixi!“

Seine Mutter
musterte ihn streng.
„Wenn du gekommen bist,
um mit deinem Geld
anzugeben ...“
„Nein, Mama“, sagte Dixi.
„Ich hab dich vermisst.“
Da lächelte sie und sagte:
„Dann komm rein, mein Junge.
Der Kartoffelbrei
ist gleich fertig.“

Retter in der Not

Der Delfin Kivo
und seine neue Freundin,
die Nixe Lani,
spielten Krabbenärgern.
Lani streckte einer Krabbe
die Zunge raus.

Empört verzog sich die Krabbe
unter einen Stein.
Kivo lachte.
„Nur schade“, sagte er,
„dass unsere Eltern
nichts von unserer Freundschaft
wissen dürfen.“
Lanis rote Haare wogten.
„Das würden sie nie erlauben,
so lange, wie Delfine und Nixen
schon verfeindet sind.
Inzwischen hatten die beiden
eine kleine Bucht erreicht.
Ein dicker Mann
planschte im Wasser
wie ein tollpatschiger Wal.
„Ich verschwinde“, rief Lani.

„Mit Menschen will ich
nichts zu tun haben!“
Kivo wollte ihr schon folgen,
als der Mann schrie:
„Mein Bein! Mein Bein!“
Schnell schwamm Kivo
zu dem wild strampelnden Mann
und hielt ihm
seine Rückenflosse hin.

Doch der Mann kreischte:
„Ein Hai! Hilfe!"
Kivo verdrehte die Augen.
Sah er vielleicht
wie ein Hai aus?
Geschickt wich er den Tritten
des Mannes aus und schob sich
unter seinen Bauch.
Doch als er den Mann

nach oben drückte,
rutschte der zappelnde Mann
gleich wieder herunter.
Kivo überlegte fieberhaft.
Wenn ihm nicht bald
etwas einfiel,
würde der Mann ertrinken!
Da flitzte
etwas Großes heran: Lani!
Gemeinsam versuchten sie,
den Mann über Wasser
zu halten,
doch vergeblich.
„Er zappelt einfach
zu sehr!“,
rief Kivo verzweifelt.
Da hob Lani

ihren Kopf aus dem Wasser
und stemmte die Hände
in die Hüften.
„Jetzt hör mir mal zu",
sagte sie scharf.
„Dieser Delfin hier tut alles,
um dich zu retten.
Und deshalb hältst du
jetzt endlich still,

verstanden? Sonst ..."
Sie ließ ihren Fischschwanz
aufs Wasser klatschen.
„Sonst singe ich!"
Der Mann erstarrte,
und Kivo hatte
keine Schwierigkeiten mehr,
ihn zum Strand zu schieben.
„Danke", sagte Kivo,

als er zu Lani zurückkam.
„Verrate das bloß keinem“,
erwiderte sie.
„Eine Nixe,
die Menschen rettet –
wer hat so was
schon mal gehört?“
Kivo grinste.
„Vielleicht bist du ja
in Wirklichkeit
ein verzauberter Delfin?“
„Na, warte,
du frecher Kerl!“,
rief Lani und jagte
hinter ihrem
kichernden Freund her.

Die total verbohrte Prinzessin

Prinzessin Kallinella
war die eigensinnigste Frau
am Diamantenen Meer.
Das sagte zumindest ihr Vater.
Alle anderen bezeichneten sie
als enorm dickköpfig.

Bis auf den Hofzauberer,
der nannte Kallinella
einfach total verbohrt.
„Sie ist total verbohrt,
Euer Majestät“, sagte er
gerade wieder einmal.
Der König raufte sich
die Haare.
„Erst will sie
auf keinen Fall heiraten,
und dann kommt sie
auf diese Idee mit dem
idiotischen Wettschwimmen!
Welcher Prinz wird sich wohl
darauf einlassen?“
„Soll ich …“,
begann der Hofzauberer,

doch der König winkte ab.
„Nein, kein Sanftheitstrank.“
Er seufzte.
„Die Prinzessin bekommt
ihr Wettschwimmen.
Vielleicht kann sie
ja doch einer besiegen ...“
Daran glaubte allerdings
niemand außer ihm.

Denn Kallinella war
die beste Schwimmerin
weit und breit.
Das bekamen auch
die Prinzen zu spüren:
Einer nach dem anderen
beendete das Wettschwimmen
völlig erschöpft,
während Kallinella sich

schon längst abgetrocknet
und ein Buch gelesen hatte.
Es war schon Abend,
als sie gegen
den letzten Bewerber antrat.
Nachdem sie eine Weile
geschwommen war,
sah Kallinella sich um.
Wo war der Prinz?
Hatte sie ihn schon so weit

hinter sich gelassen?
Da hörte sie ein Lachen.
Vor ihr schimmerte
ein Delfinschwanz
in der Abendsonne.
Kallinella biss die Zähne
zusammen und kraulte schneller.
Doch als der Prinz
an Land ging,
hatte sie erst
die halbe Strecke geschafft.
Schäumend vor Wut stieg sie
schließlich aus dem Wasser.
„Betrüger!“, rief sie.
„Er hat sich von einem Delfin
ziehen lassen!“
Der Prinz setzte sich

lächelnd ans Wasser,
und sofort verwandelten
sich seine Beine
in einen Delfinschwanz.
Das Volk jubelte.
„Das ist der Delfinprinz!
Und er hat dich besiegt“,
strahlte der Hofzauberer.
„Niemals werde ich

ihn heiraten!“,
schrie Kallinella.
Und der Delfinprinz rief:
„Und ich werde auf keinen Fall
in deinem Schloss wohnen!“
„Er ist total verbohrt“,
sagte der Hofzauberer
entzückt.

„Sie passen
perfekt zusammen."
Und tatsächlich
verliebten sich die beiden.
Um sich nicht ständig
zu streiten,
bauten sie ihr Schloss
halb an Land
und halb im Wasser.
Und sie bekamen
sieben Kinder,
die den Hofzauberer
zur Verzweiflung trieben.
Denn sie waren alle:
total verbohrt!

Die Perle

Wie jeden Morgen
war Nalas Vater
schon vor Morgengrauen
mit dem Fischerboot
hinausgefahren.
Und wie immer
zog Nala nun

mit Beutel und Messer los,
um nach Muscheln zu tauchen.
Doch seit drei Tagen
hatte sie kaum etwas gesammelt.
Denn sie war
mit ihren Gedanken
ganz woanders:
bei Kironos Perle.
Eine einzige Perle bedeutete
für eine arme Fischerfamilie

unermesslichen Reichtum.
Aber Kironos Perle
war die erste,
die in Nalas Gegend
je gefunden worden war.
Wenn Nala doch nur auch
so eine Perle fände!
Sicher, sie würde sie
verkaufen müssen.
Ihre Familie brauchte dringend
ein neues Boot.
Aber am liebsten würde Nala
sie wie einen Schatz hüten
und sie jeden Tag
ansehen und bewundern.
Nala tauchte,
und kurz darauf entdeckte sie

an einem Felsabhang
eine große Muschel.
Ihre Schalen
standen ein wenig offen.
Und darin glitzerte etwas!
Nala löste die Muschel ab
und tauchte auf.

Und da lag sie vor ihr:
eine schillernde Perle,
strahlend wie die Sonne.
Doch eine Welle schlug
ihr die Muschel
plötzlich aus der Hand.
Nein!
Schnell tauchte Nala hinterher.
Sie musste
die Muschel erwischen,
bevor sie
im Abgrund verschwand!
Da hörte sie ein Wimmern.
Es war ein Delfin,
der in einer Felsspalte
feststeckte.
Wenn Nala ihn nicht befreite,

würde er ertrinken!
Sie merkte, wie ihr selbst
auch schon die Luft ausging.
Aber die Perle ...
Die Muschel kullerte
den Abhang hinunter.
Der Delfin fiepte.
Nala sah der Muschel
traurig hinterher,

dann schwamm sie
zu dem Delfin
und zog ihn aus der Spalte.
Als sie sich wieder umdrehte,
war die Muschel verschwunden.
Danach hockte Nala
noch lange betrübt am Strand.
Erst als sie
ein Fiepen hörte,

sah sie auf –
und musste lächeln.
Der Delfin
war zurückgekommen!
Und er ließ etwas
vor Nala in den Sand fallen.
Nala traute
ihren Augen nicht:
Da war sie, ihre Perle!

Der Delfin schwamm davon,
kam aber kurz darauf wieder.
Und als Nala schließlich
singend nach Hause lief,
war ihr Beutel prall gefüllt.
Mit Dutzenden von Perlen,
die in allen Farben
des Meeres schimmerten.

Der grummelige Steinfisch

Eines Tages tollte ein Delfin
am Riff entlang
und streifte einen Stein.
„He“, nörgelte der Stein,
„kannst du nicht aufpassen?“
Der Delfin stutzte.
„Wahnsinn, du musst

ein Steinfisch sein!“, rief er.
„Du bist ja
ein ganz Schlauer“,
grummelte der Steinfisch.
„Super Tarnung“,
meinte der Delfin.
„Oh ... danke“,
sagte der Steinfisch
überrascht.
Der Delfin freute sich immer,
neue Leute kennen zu lernen.
Und so fragte er:
„Und, was machst du so
den ganzen Tag?“
Der Steinfisch plauderte
sonst nie,
aber er gab sich Mühe.

„Na ja, ich sitze hier und warte,
bis etwas zu essen vorbeikommt."
„Klingt spannend",
sagte der Delfin.
„Manchmal",
fuhr der Steinfisch fort,
„sehe ich auch
einer Gruppe Garnelen zu."
Der Delfin staunte.

„Was du nicht sagst!“
He, dachte der Steinfisch,
sich zu unterhalten,
ist ja gar nicht so schwer!
Er versuchte es selbst einmal
mit einer Frage.
„Und was machst du so?“
Der Delfin überlegte.
„Ach, mein Leben
ist lange nicht so aufregend
wie deins.
Ich schwimme nur herum,
und hin und wieder
springe ich aus dem Wasser,
um Luft zu holen.“
Der Steinfisch erstarrte,
was bei ihm allerdings

keinen großen Unterschied machte.
„Aus dem Wasser?“, japste er.
„Aber da
ist doch gar nichts!“
„Na ja, fast nichts“,
sagte der Delfin.
„Da draußen gibt es nur
ein paar fliegende Tiere,
Pflanzen so groß wie Wale

und laut ratternde Felsen,
die schneller sind als Haie."
„Sehr komisch",
sagte der Steinfisch
eingeschnappt.
„Du denkst wohl, mir kann man
alles erzählen, was?"
Da hob der Delfin

den Steinfisch auf seinen Rücken
und flitzte los.
„Nicht!“,
schrie der Steinfisch.
Doch der Delfin sprang
aus dem Wasser.
Und schon bald rief
der Steinfisch begeistert:
„Mehr, mehr!“
Erst am Abend kehrten die beiden
zum Riff zurück.
„Wahnsinn!“,
rief der Steinfisch.
„Was führst du nur
für ein aufregendes Leben!“
Der Delfin
beobachtete atemlos

eine Gruppe Garnelen,
die über den Meeresboden
marschierte.
„Nicht so interessant
wie deins“,
sagte er.

Das Geheimnis von Atlantis

Die prächtige
Inselstadt Atlantis
war ein Paradies,
und ihre Bewohner waren
die friedlichsten Menschen
weit und breit.

Auch viele Delfine
lebten dort,
und die Fischer von Atlantis
überließen ihnen immer
einen Teil ihres Fangs.
Eines Tages versammelten sich
die Delfine hinter der Insel.
„Wir haben eine Nachricht
von den Walen bekommen“,
sagte ein alter Delfin.
„Oje“, seufzten die anderen.
„Diesmal sind es
die Kalydianer“,
fuhr der alte Delfin fort.
„Sie werden
in drei Tagen hier sein.
Also: Los geht’s!“

„Was bedeutet das?“,
fragten die Delfinkinder.
Der alte Delfin sagte ernst:
„Es ist mal wieder so weit:
Wir müssen Atlantis retten.“
Und dann erklärte er:
Immer wieder hatten sich
in der Vergangenheit
gierige Menschen
auf den Weg gemacht,

um Atlantis zu erobern.
Den ersten Angreifern war das auch fast gelungen.
Nur ein Sturm hatte Atlantis damals gerettet.
Doch die Atlanter waren so friedlich, dass sie von Schutzmaßnahmen

nichts wissen wollten.
Und so machten sich
die Delfine
in aller Stille daran,
ihre Menschenfreunde
zu beschützen.
Jetzt brachen die Delfine
in Hektik aus.
„Ihr seht nach den Tauen!“,
rief einer.
„Krafttraining
in fünf Minuten
beim Krakenfels!“,
schrie ein anderer.
„Ich will Atlantis auch retten!“,
fiepste ein kleiner Delfin.
Der alte Delfin lächelte.

„Dann komm mal mit.“
Als die Atlanter schliefen,
versammelten sich alle Delfine.
Ein paar schoben
die Insel von hinten an.
Und die übrigen,
die mit Algentauen vorne
an der Insel angeseilt waren,
zogen kräftig.
Schließlich bewegte sich

die ganze Insel
wie ein träges Seeungeheuer
durchs nächtliche Meer.
Die Kalydianer trafen
zwei Tage später ein.
Aber Atlantis
war nicht mehr da.
Und so verbreitete sich
das Gerücht,

dass die Insel
im Meer versunken sei.
Die Atlanter wundern sich bloß,
dass sie nie Besuch bekommen.
Und nur die Delfine wissen,
was es mit der Sage
vom versunkenen Atlantis
wirklich auf sich hat.

Der Riesenkrake

„Jetzt halt doch mal still!"
Lani hängte Kivo
eine Korallenkette um.
„Delfine
verkleiden sich nicht",
sagte Kivo unbehaglich.
Doch Lani meinte streng:

„Wenn du mit
zum Nixen-Kostümball
kommen willst,
musst du dich verkleiden.
Sonst jagen sie dich
gleich wieder weg.“
Kivo seufzte.
Es war zu traurig,
dass niemand etwas
von ihrer Freundschaft
wissen durfte.
Denn Delfine und Nixen
waren schon lange verfeindet.
„Wir sollten
von hier verschwinden“,
sagte Kivo.
Sie waren weit

von zu Hause entfernt,
und diese Gegend
war ihm nicht geheuer.
Und nun tauchte auch noch
ein kleiner Delfin
in der Ferne auf.
Wenn er sie zusammen sah ...
Schnell versteckte sich Lani
im Algenwald vor ihnen.

Da fiel ein Schatten auf Kivo,
und eine tiefe Stimme sagte:
„Hallo Kleiner.
Zeit fürs Mittagessen."
Langsam glitt
ein riesiger Hai
zwischen Kivo und die Algen.
Kivo erstarrte.
Er war verloren!

Aber wenigstens Lani
war in Sicherheit.
„Ich bin doch
viel zu klein für dich“,
stieß Kivo hervor.
Der Hai entblößte
sein gewaltiges Gebiss.
„Für einen Imbiss
reicht es allemal.“
„Und außerdem“,

log Kivo verzweifelt,
„kommt da hinten
mein großer Freund."
Plötzlich schien sich
in den Algen
tatsächlich etwas zu bewegen!
„Darauf falle ich
nicht herein", sagte der Hai.
Doch Kivo sah nun
so entgeistert aus,
dass der Hai sich doch umdrehte.
Er zuckte zusammen.
Ein riesiges Monster
kam aus den Algen.
Seine langen Greifarme ruderten,
sein roter Kopf leuchtete.
Ein Riesenkrake!

Der Hai machte sich
wütend davon.
Der Krake kam näher ...
Dann wischte Lani
ihre roten Haare beiseite
und zupfte sich
die Algententakel ab.
„Vielleicht sollte ich
als Krake zum Ball gehen!“

Sie kicherte.
Es dauerte noch eine Weile,
bis Kivo verkleidet war.
Doch als die beiden endlich
zum Kostümball kamen,
wurden sie schon erwartet!
Der kleine Delfin
hatte alles herumerzählt.
Und da hatten die Nixen

die Delfine
kurzerhand eingeladen.
Das Fest wurde
ein solcher Erfolg,
dass man beschloss,
nun öfter zusammen zu feiern.
Und jetzt rate mal,
wer sich darüber
am meisten freute!

Die Autorin

Bato (eigentlich: Gabi Neumayer) wurde 1962 in Hilden geboren und lebt seit ihrem Linguistik-Studium in Köln. Seit mehr als zwölf Jahren arbeitet sie inzwischen als freie Autorin, Redakteurin und Lektorin.
Mittlerweile sind mehrere Bilder- und Kinderbücher und an die sechzig Kindergeschichten von ihr erschienen. Leseproben und viele Infos findet ihr auf Batos Homepage unter www.bato-schreibt.de. (Dort verrät sie übrigens auch, wie sie zu dem Pseudonym „Bato“ gekommen ist.) Und sie freut sich immer über Mails – schreibt ihr doch mal an bato@bato-schreibt.de.

Der Illustrator

Soenke Hollstein, geboren in Wittingen (Niedersachsen), studierte an der Braunschweiger Hochschule für Bildende Künste Kommunikationsdesign. Seit 1998 lebt er als Illustrator und Grafiker in Berlin und arbeitet hauptsächlich für Kinder. Schon während seiner Studienzeit hat er für verschiedene Verlage und Theater Bilder und Plakatmotive gestaltet. Als Diplomarbeit schrieb und zeichnete er sein eigenes Bilderbuch „Merle im Netz“.